BROTAUFSTRICH-WISSEN

	SEITE
5 FAQ	04
GESCHMACKSTUNING	06
SCHNELL WAS WARMES	08
IMPRESSUM	46
ÜBER DEN TELLERRAND	48
TOTAL SEITENZAHL	49

TITELBILD: AVOCADO-KOKOS-AUFSTRICH S. 35,
ROTE-BETE-CREME MIT KREUZKÜMMEL S. 36,
MANDEL-BOHNEN-PASTE MIT ORANGE S. 41

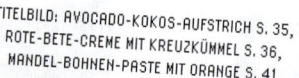

KLASSIK ROCKT DAS BROT

	SEITE
ZWIEBEL-»SCHMALZ«	11
CURRY-ERBSENCREME	13
FARMERSALAT MIT CRUNCH	14
GURKEN-CHIA-AUFSTRICH	16
KARTOFFEL-LIPTAUER	19
KRÄUTER-»FRISCHKÄSE«	20

TOTAL REZEPTE 06

DA IST WELTMUSIK DRIN

	SEITE
RAUCHIGE TEX-MEX-CREME	23
KÜRBIS-MUHAMMARA	24
SÜSSKARTOFFEL-AUFSTRICH	27
GRÜNES HUMMUS	29
THAI-CURRY-MÖHRENCREME	30
GEWÜRZ-ZACUSCA	32

TOTAL REZEPTE 06

FREESTYLE-JAMSESSION

	SEITE
AVOCADO-KOKOS-AUFSTRICH	
ROTE-BETE-CREME MIT KREUZKÜMMEL	35
MINZIGER MAIS-LINSEN-AUFSTRICH	36
MANDEL-BOHNEN-PASTE MIT ORANGE	39
OLIVEN-ZWIEBEL-MARMELADE MIT CRANBERRYS	41
DIE DOPPELTE PETERSILIE	43
	44

TOTAL REZEPTE 06

5 FAQ ZU VEGANEN BROTAUFSTRICHEN

BRAUCHE ICH BESONDERE KÜCHENGERÄTE?

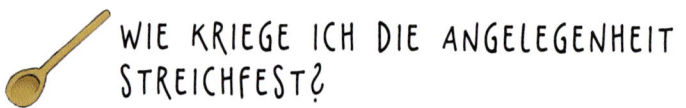 WIE KRIEGE ICH DIE ANGELEGENHEIT STREICHFEST?

WIE LANGE HALTEN SICH DIE AUFSTRICHE?

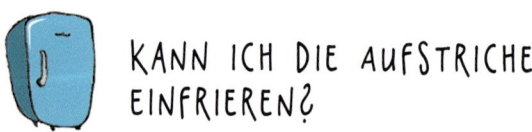 KANN ICH DIE AUFSTRICHE EINFRIEREN?

 UND WELCHER AUFSTRICH PASST ZU WELCHER BROTSORTE?

Brotaufstriche herzustellen macht am meisten Spaß, wenn man einen **Mixer** oder **Pürierstab** mit ordentlich Power hat, um Zutaten wie frisches Gemüse und Hülsenfrüchte in Pasten zu verwandeln. Ungefähr die Hälfte der Rezepte in diesem Buch kommt aber ohne diese elektrischen Helferlein aus. Bei Aufstrichen mit Kartoffeln sind die wirbelnden Messer sogar kontraproduktiv: Sie zerhacken die Stärkemoleküle und geben den Pasten eine Konsistenz wie Tapetenkleister.

Ein häufiges Szenario in der Aufstrichküche: Man möchte das Lieblingsgemüse zu einer leckeren Creme verarbeiten, und nachdem der Pürierstab fertig ist, fließt es als Sauce vom Brot. Und nun? **Etwas unterrühren, das Flüssigkeit bindet!** Semmelbrösel, Couscous und feiner Bulgur tun den Job bei kalten Aufstrichen, wenn man ihnen ein bisschen Zeit zum Quellen gibt. Instant-Polenta lässt sich gut in warme Mischungen einrühren. Superquellfähig und außerdem gesund sind Chiasamen (Reformhaus oder Bioladen) und Leinsamen – allerdings sorgen beide für eine etwas glibbrige Konsistenz. Wer häufiger Gemüseaufstriche macht, schafft sich Johannisbrotkernmehl an (wiederum: im Bioladen oder Reformhaus schauen). Das Pulver bindet Kaltes schnell, gründlich und sparsam. Keine gute Idee: normales Mehl. Denn das schmeckt – nach Mehl.

Kommt drauf an, wie sauber es beim Verarbeiten in der Küche war, wie lange das Gemüse schon im Laden lag oder ob jemand mit Brotkrümeln am Messer ins Aufstrichglas gefahren ist. Grundsätzlich gilt: Pasten mit rohem Gemüse oder frischen Kräutern am besten innerhalb von 3 bis 4 Tagen verbrauchen; durchgegarte Aufstriche halten sich auch mal 1 Woche oder sogar länger, wenn sie einen hohen Öl- oder Essiggehalt haben.

Nicht ohne **Qualitätsverlust!** Bei Pasten mit Seidentofu oder Sojaghurt, bei Aufstrichen auf Kartoffelbasis und bei solchen aus rohem Gemüse klappt es gar nicht. Aber auch die anderen bekommen oft eine grisselige Konsistenz oder trennen sich. Wenn die zubereitete Portion zu groß war, blättern Sie einfach zu Seite 8 weiter und verwenden Sie einen Teil in warmen Gerichten.

Rustikale Brotaufstriche mögen Schwarz- und Körnerbrot, mediterrane dagegen eher Weißbrot. Säuerliche brauchen nicht auch noch Sauerteig dazu. Aber im Grunde ist das alles eine **Geschmackssache**. Probieren Sie es einfach aus!

GESCHMACKSTUNING FÜRS BROT!

Da steht er, der fertige Aufstrich. Gut sieht er ja aus. Erst mal probieren. Hmm. Also, schon ganz lecker, aber … Irgendwas fehlt da. Nur – was?

ZEIT Bei Cremes und Pasten brauchen die Aromen eine Weile, um sich harmonisch miteinander zu verbinden. Deshalb schmeckt der erste Probierbissen oft noch nicht ganz rund. Lassen Sie Aufstriche erst einmal im Kühlschrank durchziehen, mindestens eine Stunde!

SÜSSE Bei Aufstrichen mit Tomaten oder Paprika puffert eine kleine Prise Zucker oder ein Spritzer Agavensirup die Säure etwas ab.

ÖL Sagten nicht schon unsere Großmütter: »Fett ist ein Geschmacksträger.«? Recht hatten sie! Zwei, drei Esslöffel machen beispielsweise bei einem Aufstrich auf Kartoffelbasis den Unterschied zwischen »schmeckt wie kalter Kartoffelbrei auf Brot« und »mmh, cremig und würzig!«. Besonders gesund sind hochwertige, kalt gepresste Öle, die allerdings in der Regel nicht geschmacksneutral sind. Also am besten ausprobieren, welche worin schmecken!

SALZ Manchmal liegt die Lösung so nah wie der Salzstreuer. Die meisten von uns sind seit Kindertagen daran gewöhnt, dass es auf dem Brot salzig zugeht – Käse und Wurst sind vom Salzgehalt her nicht ohne! Da soll auch der tierfreie Aufstrich nicht allzu zurückhaltend daherkommen. Was natürlich nicht heißt, dass ein Aufstrich nur durch Salz punkten könnte.

SÄURE Ein Teelöffelchen Essig oder ein Spritzer Zitronensaft kann Wunder wirken. Dabei muss die saure Note nach dem Durchziehen gar nicht wahrnehmbar sein: Sie hilft einfach, den Geschmack perfekt abzurunden.

HEFEFLOCKEN Im Bioladen und im Reformhaus gibt es die sogenannte Nährhefe in Flocken. Ein Esslöffel davon, in den Aufstrich gerührt, bringt den Eigengeschmack der anderen Zutaten stärker zur Geltung und verbindet die Aromen. Das liegt daran, dass Hefeflocken Glutamat enthalten, und das löst bei den sogenannten Umami-Rezeptoren auf der Zunge ein »Mmh – lecker!« aus. Hefeflocken sind übrigens nicht das Gleiche wie Hefeextrakt, der als Geschmacksverstärker ein schlechtes Image hat: Die vitaminreichen Flocken enthalten zwar ebenfalls Glutamat, allerdings natürliches. Übrigens genau wie Sojasauce.

SCHNELL WAS WARMES

So ein Brotaufstrich kann mehr, als nur Stullenfans glücklich zu machen. Und nach einem warmen Essen ist im Kühlschrank auch wieder Platz – für die nächste Sorte Aufstrich.

ERDNUSS-SPINAT Für 2 – 3 Portionen 1 Zwiebel schälen, würfeln und in 1 EL neutralem Pflanzenöl in einer Pfanne glasig andünsten. 450 g TK-Blattspinat und 100 ml Wasser dazugeben und den Spinat zugedeckt in 5 – 8 Min. bei mittlerer Hitze auftauen lassen, zwischendurch umrühren. Sobald der Spinat aufgetaut ist, 200 g Erdnuss-Süßkartoffel-Aufstrich (ca. ½ Rezept, Seite 27), 1 TL Erdnusscreme und 100 ml passierte Tomaten unter Rühren heiß werden lassen. Die Mischung mit Salz und Cayennepfeffer würzig abschmecken. Den Erdnuss-Spinat mit Reis servieren. Nach Belieben 1 Handvoll geröstete, gesalzene Erdnüsse grob hacken und über das Gericht streuen.

GRÜN-ROTE BETE Den Backofen auf 200° vorheizen. Für 2 Portionen 600 g Rote Bete schälen, die Knollen halbieren und die Hälften in daumendicke Scheiben schneiden. Die Rote-Bete-Scheiben in einer Schüssel mit 1 EL neutralem Pflanzenöl, 1 EL grob gemörserten Koriandersamen und ½ TL Salz mischen, dann auf ein Backblech geben und im Ofen (Mitte) in 30 – 40 Min. weich backen. Zur gebackenen Roten Bete 200 g Grünes Hummus (ca. ½ Rezept, Seite 29) servieren.

ZACUSCA-QUINOA Für 2 Portionen 1 haselnussgroßes Stück frischen Ingwer schälen und hacken. 100 g grüne Bohnen waschen, putzen und in ca. 5 cm lange Stücke schneiden. (Oder TK-Bohnen nehmen.) 100 g Cocktailtomaten waschen und halbieren. 200 g Gewürz-Zacusca (ca. ¼ Rezept, Seite 32) in einem Topf mit dem Ingwer unter Rühren ca. 2 Min. erhitzen. Dann 150 g Quinoa dazugeben und kurz mitdünsten. Alles mit 350 ml Wasser aufgießen, salzen, aufkochen und bei schwächster Hitze zugedeckt ca. 10 Min. köcheln lassen. Bohnen und Tomaten unterrühren und alles weitere 10 Min. zugedeckt köcheln lassen. ½ Bund Koriandergrün waschen und trocken schütteln. Die Blättchen abzupfen. Die Zacusca-Quinoa mit Salz und Cayennepfeffer abschmecken und mit dem Koriander bestreuen.

PASTA UND PELLKARTOFFELN Pasta schmeckt mit Curry-Erbsencreme (Seite 13) oder Gewürz-Zacusca (Seite 32) – einfach den Aufstrich wie Pesto mit den heißen Nudeln mischen (falls nötig, vorher mit etwas Pastakochwasser glatt rühren). Der Gurken-Chia-Aufstrich (Seite 16) und die Thai-Curry-Möhrencreme (Seite 30) passen als Dips zu Pellkartoffeln.

KLASSIK
ROCKT DAS BROT

für deftige Momente

ZWIEBEL-»SCHMALZ«
MIT BACKPFLAUMEN

2 kleine Zwiebeln ++ 100 g geschmacksneutrales Kokosfett ++ 4 Trockenpflaumen ohne Stein ++ ½ TL getrockneter Majoran ++ 50 ml neutrales Pflanzenöl

Für 1 Glas (200 ml Inhalt) | Zubereitung: ca. **20 Min.** | Kühlzeit: insgesamt ca. **6 Std.**
Pro Portion (ca. 10 g) ca. **70 kcal, 0 g EW, 8 g F, 1 g KH**

1 Die Zwiebeln schälen und fein würfeln. Das Kokosfett in einem kleinen Topf schmelzen lassen und die Zwiebelwürfel darin ca. 15 Min. bei schwacher Hitze sanft anbraten, bis sie gerade eben hellbraun werden. Dabei die Zwiebeln immer wieder umrühren.

2 Inzwischen die Trockenpflaumen fein würfeln und mit Majoran und Öl unter die Zwiebel-Kokosfett-Mischung rühren. Alles ca. 1 Std. bei Zimmertemperatur abkühlen lassen. Dann die Mischung in ein sauberes Glas füllen und vor dem Servieren im Kühlschrank in ca. 5 Std. vollständig fest werden lassen, dabei nach ca. 1 Std. noch einmal durchrühren. Das Zwiebel-»Schmalz« hält sich im Kühlschrank mehrere Wochen.

CURRY-ERBSENCREME

Früh-sommer-Feeling

250 g TK-Erbsen
Salz
½ Bio-Zitrone
4 EL Olivenöl

1 TL Currypulver (z. B. Madras)
1 Handvoll Rucola
Cayennepfeffer

Für 1 Glas (300 ml Inhalt) | Zubereitung: ca. **15 Min.** | Ruhezeit: ca. **1 Std.**
Pro Portion (ca. 30 g) ca. **60 kcal, 2 g EW, 4 g F, 3 g KH**

1 Die gefrorenen Erbsen in sprudelnd kochendes Salzwasser geben und ca. 1 Min. kochen lassen, in ein Sieb abgießen, kalt abschrecken und abtropfen lassen.

2 Die Zitronenhälfte heiß abwaschen und abtrocknen, die Schale fein abreiben und den Saft auspressen. Zitronensaft und -schale mit den Erbsen, Olivenöl und Currypulver in einen hohen Rührbecher geben und mit dem Pürierstab pürieren.

3 Rucola waschen und trocken schütteln. Grobe Stiele entfernen, die Blätter hacken und unter die Curry-Erbsencreme rühren. Den Aufstrich mit Salz und Cayennepfeffer abschmecken und vor dem Servieren möglichst 1 Std. durchziehen lassen.

MEIN SAISON-TIPP

In der kurzen Saison im Juni und Juli lohnt es sich, den Aufstrich mit frischen Erbsen zu machen. Lassen Sie sie einfach ca. 3 Min. lang kochen. Und planen Sie vorher ca. 20 Min. extra ein, um die kugligen Samen aus den Hülsen zu pulen. Für 250 g Erbsen brauchen Sie etwa 650 g Schoten.

FARMERSALAT
MIT CRUNCH

Knack-frisch!

Für das Dressing:
50 ml zimmerwarme Sojamilch
1 TL mittelscharfer Senf
100 ml neutrales Pflanzenöl
2 TL Zitronensaft
Salz | Pfeffer

Für den Salat:
100 g Knollensellerie
1 Möhre (ca. 100 g)
1 Stück Lauch (ca. 40 g)
Außerdem:
1 EL Sonnenblumenkerne

Für 1 Glas (400 ml Inhalt) | Zubereitung: ca. **25 Min.** | Ruhezeit: ca. **1 Std.**
Pro Portion (ca. 30 g) ca. **85 kcal, 1 g EW, 9 g F, 1 g KH**

1 Für das Dressing die zimmerwarme Sojamilch in einem hohen Rührbecher mit dem Senf verrühren. Das Öl dazugeben. Einen Pürierstab in die Mischung stellen und anschalten. Den Pürierstab bei laufendem Motor langsam hochziehen, sodass eine feste Mayonnaise entsteht. 2 EL davon mit dem Zitronensaft vermischen und mit Salz und Pfeffer abschmecken. Die übrige Mayonnaise für ein anderes Gericht verwenden (s. Info rechts).

2 Für den Salat Sellerie und Möhre putzen, schälen und auf der Rohkostreibe mittelfein reiben. Den Lauch putzen, längs halbieren und gründlich waschen (auch zwischen den Blättern). Lauchhälften in sehr feine Halbringe schneiden. Das Gemüse mit dem Dressing mischen.

3 Die Sonnenblumenkerne in einer trockenen Pfanne goldgelb rösten und unter den Salat heben. Den Aufstrich vor dem Servieren möglichst 1 Std. durchziehen lassen. Wer ihn cremiger mag, rührt vor dem Servieren noch 1 EL Mayo unter. Dann den Aufstrich nochmals abschmecken.

HEY, DA BLEIBT JA MAYO ÜBRIG!

Ja, ungefähr die Hälfte! Damit der Pürierstab seine Arbeit
verrichten kann, braucht er eine gewisse Mindestmenge
an Sojamilch und Öl. Die fertige Mayo hält sich
1 – 2 Wochen im Kühlschrank. Wer's eilig hat, nimmt
2 EL vegane Mayo aus dem Bioladen.

GURKEN-CHIA-AUFSTRICH
MIT MEERRETTICH

frischer Nasen-kitzler

1 Minigurke (ersatzweise 1 Stück Salatgurke, ca. 15 cm lang)
200 g Seidentofu
1 TL Apfelessig
2 TL frisch geriebener Meerrettich (nach Belieben mehr; ersatzweise 1 TL Meerrettich aus dem Glas)

2 Stängel Dill
2 EL Chiasamen (Reformhaus oder Bioladen)
Salz | Pfeffer

Für 1 Glas (350 ml Inhalt) | Zubereitung: ca. **15 Min.** | Quellzeit: ca. **30 Min.**
Pro Portion (ca. 30 g) ca. **20 kcal, 1 g EW, 1 g F, 1 g KH**

1 Die Gurke waschen, die Enden abschneiden und die Gurke längs halbieren. Die Kerne und etwas Fruchtfleisch mit einem Teelöffel herausschaben und in einen hohen Rührbecher geben. Seidentofu, Apfelessig und Meerrettich dazugeben und alles mit dem Pürierstab pürieren.

2 Die übrig gebliebenen Gurkenstücke samt Schale fein würfeln. Den Dill waschen und trocken schütteln. Die Spitzen abzupfen und hacken. Gurkenwürfel und Dill mit den Chiasamen in die Tofumischung einrühren und alles mit Salz und Pfeffer abschmecken. Die Chiasamen mindestens 30 Min. quellen lassen. Den Aufstrich, falls nötig, vor dem Servieren noch einmal nachsalzen.

KANN ICH AUCH NORMALEN TOFU NEHMEN?

Nein! Denn Seidentofu ist viel weicher als der schnittfeste
Naturtofu. Wenn Sie keinen bekommen, verwenden Sie
lieber ungesüßten Sojaghurt. Oder Sie pürieren einfach
zusätzlich 200 g geschälte Salatgurke mit.

KARTOFFEL-
LIPTAUER

Servus aus Österreich

150 g gegarte Kartoffeln (abgekühlt)
100 g Naturtofu
1 TL Senf
1 TL Apfelessig
2 EL neutrales Pflanzenöl
2 TL edelsüßes Paprikapulver
¼ TL gemahlener Kümmel
1 Bund Schnittlauch
1 EL Kapern (in Lake)
Salz | Cayennepfeffer

- -

Für 1 Glas (300 ml Inhalt)
Zubereitung: ca. **15 Min.** | Ruhezeit: ca. **1 Std.**
Pro Portion (ca. 30 g) ca. **40 kcal, 2 g EW, 3 g F, 3 g KH**

- -

1 Die Kartoffeln ggf. pellen und in einem tiefen Teller zusammen mit dem Tofu mit einer Gabel zu einer Paste zerdrücken. Senf, Essig, Öl, Paprika und Kümmel unterrühren.

2 Den Schnittlauch waschen, trocken schütteln und in Röllchen schneiden. Die Kapern hacken. Beides unter die Kartoffelmischung heben. Den Liptauer mit Salz und Cayennepfeffer kräftig abschmecken. Vor dem Servieren möglichst 1 Std. durchziehen lassen.

MEINE TIPPS

Dieser Aufstrich ist perfekt, um übrig gebliebene Kartoffeln zu verwenden. Kapernfans können die Menge gut und gern verdoppeln.

KRÄUTER-
»FRISCHKÄSE«

richtig
schön
cremig

500 g ungesüßter Sojaghurt
1 EL Hefeflocken (nach Belieben)
½ TL Apfelessig
¼ TL gemahlener Schabzigerklee
(Reformhaus oder Bioladen; s. Info
rechts)

3 Stängel Petersilie
½ Bund Schnittlauch
Salz | Pfeffer

Für 1 Glas (300 ml Inhalt) | Zubereitung: ca. **15 Min.** | Abtropfzeit: ca. **8 Std.** | Ruhezeit: ca. **1 Std.**
Pro Portion (ca. 30 g) ca. **30 kcal, 3 g EW, 1 g F, 2 g KH**

1 Ein Sieb mit Küchenpapier auslegen und in ein passendes Gefäß hängen. Den Sojaghurt hineingeben und im Kühlschrank mindestens 8 Std., am besten über Nacht, abtropfen lassen.

2 Am nächsten Tag den abgetropften Sojaghurt in einer Schüssel mit Hefeflocken, Essig und Schabzigerklee verrühren. Die Kräuter waschen und trocken schütteln. Petersilienblättchen abzupfen und fein hacken. Den Schnittlauch in Röllchen schneiden und mit der Petersilie unter die Sojaghurt-Mischung rühren. Den Kräuter-»Frischkäse« mit Salz, Pfeffer und eventuell zusätzlichem Apfelessig abschmecken und vor dem Servieren möglichst 1 Std. durchziehen lassen.

MEINE TAUSCH-TIPPS

Die Mischung aus Sojaghurt, Essigsäure und Hefeflocken ist eine supervielseitige Basis. Experimentieren Sie einfach mit anderen Kräutern: Estragon statt Schnittlauch, Basilikum pur, Dill statt Petersilie … Auch gut: 1 – 2 TL veganes Pesto (fertig gekauft oder selbst gemacht) unterheben.

WAS IST DENN SCHABZIGERKLEE?

Die (getrockneten) Blätter dieser Kleesorte sorgen für
intensiven Kräuterkäsegeschmack. Bitte sparsam ausprobieren! Schabzigergewürz ist schnell »too much«.

DA IST
WELTMUSIK
DRIN

RAUCHIGE

TEX-MEX-CREME

mit Chili-kick

2 eingelegte Jalapeño-Chilischoten (Glas oder Dose) ++ 1 kleine Zwiebel ++ 1 kleine Knoblauchzehe ++ 1 EL neutrales Pflanzenöl ++ 100 g Räuchertofu ++ 150 g gegarte Kidneybohnen (selbst gekocht oder aus der Dose) ++ Saft von ½ Limette ++ Salz

Für 1 Glas (300 ml Inhalt) | Zubereitung: ca. **15 Min.** | Ruhezeit: ca. **1 Std.**
Pro Portion (ca. 30 g) ca. **40 kcal, 3 g EW, 2 g F, 3 g KH**

1 Bei den Jalapeño-Chilischoten Stiele und Samen entfernen, die Jalapeños fein würfeln. Zwiebel und Knoblauch schälen und hacken. Das Öl in einer kleinen Pfanne erhitzen. Zwiebel und Knoblauch darin bei schwacher Hitze glasig andünsten.

2 Den Räuchertofu grob würfeln und mit den Kidneybohnen, der Zwiebelmischung und dem Limettensaft in einen hohen Rührbecher geben. Alles mit dem Pürierstab pürieren. Dabei 1 – 2 EL Wasser dazugeben, sodass die Masse schön cremig wird.

3 Die gewürfelten Jalapeños unterrühren, den Aufstrich mit Salz kräftig abschmecken und vor dem Servieren möglichst 1 Std. durchziehen lassen.

KÜRBIS-
MUHAMMARA

Mezze
fürs
Brot

200 g Hokkaido-Kürbis (ohne Samen
und faseriges Inneres gewogen)
1 rote Paprikaschote
3 EL Olivenöl
1 kleine Knoblauchzehe
50 g Walnusskerne

2 EL Granatapfelsirup (s. Tipp)
½ TL gemahlener Kreuzkümmel
1 TL edelsüßes Paprikapulver
Salz | Pul Biber
Außerdem:
Backpapier

Für 1 Glas (300 ml Inhalt) | Zubereitung: ca. **15 Min.** | Backzeit: **30 – 45 Min.** | Ruhezeit: ca. **1 Std.**
Pro Portion (ca. 30 g) ca. **75 kcal, 1 g EW, 6 g F, 4 g KH**

------

1 Den Kürbis waschen, putzen und ungeschält grob würfeln. Die Paprikaschote halbieren, Stiel, Samen und Trennwände entfernen. Ein Backblech mit dem Backpapier belegen und dieses mit 1 EL Olivenöl bepinseln. Kürbiswürfel, Paprikahälften (mit der Hautseite nach oben) und die ungeschälte Knoblauchzehe darauflegen und im Backofen (oben) bei 200° ca. 30 Min. backen.

2 Sobald die Haut der Paprika dunkelbraun bis schwarz wird, die Paprikahälften und die Knoblauchzehe herausnehmen und in einer Schüssel abgedeckt abkühlen lassen. Die Kürbisstücke, falls nötig, noch 10 – 15 Min. weiterbacken, bis sie weich sind, dann herausnehmen.

3 Die Paprikahälften häuten, den gegarten Knoblauch schälen. Die Walnüsse grob hacken und mit übrigem Öl, Paprika, Knoblauch, Kürbis, Granatapfelsirup, Kreuzkümmel und Paprikapulver in einen hohen Rührbecher geben. Alles mit dem Pürierstab pürieren. Die Muhammara mit Salz und Pul Biber abschmecken und vor dem Servieren möglichst 1 Std. durchziehen lassen.

MEIN TAUSCH-TIPP

Granatapfelsirup gibt es in arabischen und türkischen Lebensmittelgeschäften. Falls Sie keinen bekommen: Ersetzen Sie ihn durch 1 EL Zitronensaft und 2 TL Agavensirup.

MUSS ICH DEN OFEN NICHT VORHEIZEN?

Nein! Es schadet dem Gemüse nicht, wenn es in den kalten
Backofen kommt. Behalten Sie den Inhalt im Blick, dann sehen
Sie, wann Paprika und Kürbis fertig sind.

Ausflug nach Afrika

ERDNUSS-SÜSSKARTOFFEL-
AUFSTRICH

1 Süßkartoffel (ca. 300 g)
2 Knoblauchzehen
1 EL neutrales Pflanzenöl
50 ml Apfelsaft
50 ml Gemüsebrühe
6 getrocknete Tomaten (in Öl eingelegt;
   ersatzweise Soft-Tomaten)

2 EL Erdnusscreme (»crunchy«;
   ca. 100 g)
1 ½ TL grüner Pfeffer (in Lake + 2 EL von
   der Pfeffer-Lake)
Salz

Für 1 Glas (400 ml Inhalt) | Zubereitung: ca. **30 Min.** | Abkühlzeit: ca. **2 Std.**
Pro Portion (ca. 30 g) ca. **80 kcal, 3 g EW, 6 g F, 4 g KH**

---

1 Die Süßkartoffel schälen und in grobe Stücke schneiden. Den Knoblauch schälen und fein würfeln. Das Öl in einem kleinen Topf erhitzen und den Knoblauch darin ca. 3 Min. bei mittlerer Hitze andünsten. Süßkartoffelstücke, Apfelsaft und Gemüsebrühe dazugeben. Alles aufkochen und zugedeckt ca. 10 Min. bei schwacher Hitze köcheln lassen.

2 Inzwischen die getrockneten Tomaten in feine Streifen schneiden und nach ca. 10 Min. zu den Süßkartoffelstücken geben. Alles weitere 5 Min. garen.

3 Dann die Erdnusscreme dazugeben und unterrühren. Alles mit dem Kartoffelstampfer im Topf zerdrücken. Den grünen Pfeffer fein hacken und mit 2 EL von der Lake im Glas unter die Mischung rühren. Den Erdnuss-Süßkartoffel-Aufstrich mit Salz abschmecken und vor dem Servieren mindestens 2 Std. abkühlen und dabei durchziehen lassen.

GRÜNES
HUMMUS

für
Kräuter-
Fans

1 Bund Petersilie
1 Bund Basilikum
3 Frühlingszwiebeln
240 g gegarte Kichererbsen (selbst gekocht
   oder aus der Dose)
Saft von ½ Zitrone
2 EL Tahin (Sesammus)
5 EL Olivenöl
Salz | Pfeffer

Für 1 Glas (400 ml Inhalt)
Zubereitung: ca. **15 Min.** | Ruhezeit: ca. **1 Std.**
Pro Portion (ca. 30 g) ca. **70 kcal, 2 g EW, 6 g F,
2 g KH**

1 Petersilie und Basilikum waschen und gut trocken schütteln. Die Blättchen abzupfen und grob hacken. Die Frühlingszwiebeln putzen, waschen und grob in Stücke schneiden.

2 Kräuter und Frühlingszwiebeln mit Kichererbsen, Zitronensaft, Tahin und Öl in einen hohen Rührbecher geben und alles mit dem Pürierstab pürieren. Das Hummus mit Salz und Pfeffer abschmecken und vor dem Servieren möglichst 1 Std. durchziehen lassen.

THAI-CURRY-
MÖHRENCREME

schön
süß-
scharf

350 g Möhren
2 Frühlingszwiebeln
400 g Kokosmilch (Dose)
1 TL vegane rote oder gelbe Thai-
   Currypaste (s. Info rechts)

3 EL Instant-Polenta
Salz
3 Stängel Koriandergrün
   (nach Belieben)

Für 2 Gläser (à 350 ml Inhalt) | Zubereitung: ca. **30 Min.** | Ruhezeit: ca. **1 Std.**
Pro Portion (ca. 30 g) ca. **85 kcal, 1 g EW, 6 g F, 5 g KH**

---

1 Die Möhren putzen, schälen und auf einer Gemüsereibe mittelfein raspeln. Die Frühlingszwiebeln putzen, waschen und in ca. 1 cm lange Stücke schneiden.

2 Die Kokosmilchdose öffnen. Von der festen Creme, die sich oben abgesetzt hat, 1 EL abnehmen und mit der Currypaste (Menge nach Geschmack) in einer Pfanne erhitzen, dabei rühren. Sobald sich oben eine Ölschicht absetzt, die Möhrenraspel, die Frühlingszwiebeln und die übrige Kokosmilch dazugeben. Alles mischen, aufkochen und ca. 7 Min. offen köcheln lassen.

3 Die Polenta einrühren, ca. 2 Min. unter Rühren erhitzen und in 5 Min. ausquellen lassen. Den Aufstrich mit Salz und eventuell 1 zusätzlichem EL Currypaste abschmecken. Das Koriandergrün, falls verwendet, waschen und trocken schütteln. Die Blättchen abzupfen, hacken und unterrühren. Die Thai-Curry-Möhrencreme vor dem Servieren möglichst 1 Std. durchziehen lassen.

MEIN TIPP

Ja, der Aufstrich ist üppig, aber der Fettgehalt liegt noch unter dem der durchschnittlichen Schnittkäse-Sorten. Wer ihn leichter haben möchte, verwendet nur die Hälfte der Kokosmilch, lässt alles ca. 5 Min. kochen und gibt nur 2 EL Polenta dazu.

WIESO »VEGANE« CURRYPASTE?

Traditionell enthalten Thai-Currypasten getrocknete Garne-
len. Inzwischen gibt es (etwa im Bioladen) aber auch
vegane Varianten – einfach vor dem Kauf einen Blick auf
die Zutatenliste werfen!

GEWÜRZ-
ZACUSCA

Europe
goes
Bengal

500 g Auberginen
1 kg rote Paprikaschoten
250 g Zwiebeln
4 Knoblauchzehen
1 milde rote Chilischote
150 ml neutrales Pflanzenöl (+ Öl für
    das Blech)

2 EL Panch Phoron (indische
    5-Gewürz-Mischung; Asienladen)
500 g Tomaten
2 TL Zucker
2 EL Aceto balsamico
Salz

Für 2 Gläser (à 400 ml Inhalt) | Zubereitung: ca. **2 Std.** | Abkühlzeit: ca. **2 Std.**
Pro Portion (ca. 30 g) ca. **135 kcal, 2 g EW, 12 g F, 6 g KH**

1 Auberginen und Paprika halbieren, Stiele und bei der Paprika auch Samen und Trennwände entfernen. Den Backofengrill einschalten. Das Gemüse mit der Hautseite nach oben auf ein geöltes Blech legen und unter dem heißen Grill ca. 15 Min. backen, bis die Haut dunkelbraun bis schwarz geworden ist. Herausnehmen und mit einem feuchten Tuch bedecken.

2 Zwiebeln und Knoblauch schälen und hacken. Die Chilischote längs aufschneiden, Stiel und Samen entfernen. Die Chilihälften waschen und fein schneiden. Das Öl in einem großen Topf erhitzen. Zwiebel, Knoblauch und Chili darin mit dem Panch Phoron ca. 10 Min. bei schwacher Hitze andünsten, dabei gelegentlich umrühren.

3 Inzwischen die Tomaten waschen und ohne Stielansatz grob würfeln. In den Topf geben und ca. 40 Min. zugedeckt bei schwacher Hitze köcheln lassen. In der Zwischenzeit Auberginen und Paprika schälen und klein hacken. Beides mit Zucker, Essig und Salz zu den Tomaten geben und alles unter gelegentlichem Rühren ca. 45 Min. offen einkochen lassen, bis eine dickliche Masse entstanden ist. Vor dem Servieren möglichst 2 Std. abkühlen lassen. Zum Aufbewahren Zacusca heiß in saubere Gläser füllen und diese verschließen. Hält sich im Kühlschrank wochenlang.

WIE WÜRZE ICH ORIGINAL-ZACUSCA?

Für die rumänische Spezialität einfach das Panch Phoron
weglassen und stattdessen 1 Lorbeerblatt mitkochen.

FREESTYLE-
JAMSESSION

AVOCADO-KOKOS-
AUFSTRICH

mild und
cremig

3 EL Kokosflocken ++ 2 TL schwarze Senfsamen (Asienladen) ++ 1 TL neutrales Pflanzenöl ++
2 kleine Avocados ++ 1 EL Zitronensaft ++ ½ TL Zucker ++ Salz

Für 1 Glas (300 ml Inhalt) | Zubereitung: ca. **15 Min.**
Pro Portion (ca. 30 g) ca. **90 kcal, 1 g EW, 9 g F, 1 g KH**

1 Die Kokosflocken in einer kleinen Schüssel mit 4 EL heißem Wasser übergießen und quellen
lassen. In der Zwischenzeit die Senfsamen im Öl in einer kleinen Pfanne erhitzen, bis die Samen
anfangen zu springen. Die Pfanne vom Herd nehmen.

2 Die Avocados halbieren, den Kern entfernen, das Fruchtfleisch mit einem Löffel aus der Schale
lösen, mit einer Gabel zerdrücken und mit dem Zitronensaft mischen. Die gequollenen Kokosflocken und die Senfsamen unterrühren und die Creme mit Zucker und Salz abschmecken.

ROTE-BETE-CREME
MIT KREUZKÜMMEL

100 g Cashewkerne ++ 250 g gegarte Rote Bete (Folienpackung) ++ 1 Bio-Zitrone ++ 2 TL Kreuz-kümmelsamen ++ 1 TL Zucker ++ Salz ++ 1 TL Johannisbrotkernmehl (nach Belieben)

Für 1 Glas (400 ml Inhalt) | Zubereitung: ca. **15 Min.** | Einweichzeit: ca. **8 Std.** | Ruhezeit: ca. **1 Std.**
Pro Portion (ca. 30 g) ca. **50 kcal, 2 g EW, 3 g F, 4 g KH**

1 Am Vortag die Cashewkerne mindestens 8 Std. in Wasser einweichen.

2 Am nächsten Tag die Cashews abgießen und abtropfen lassen. Die Rote Bete grob würfeln. Die Zitrone heiß abwaschen, abtrocknen, die Schale abreiben und den Saft auspressen. Die Kreuz-kümmelsamen in einer trockenen Pfanne anrösten, bis sie duften.

3 Alle vorbereiteten Zutaten mit dem Zucker in einen hohen Rührbecher geben und mit dem Pürierstab pürieren. Die Creme mit Salz abschmecken. Nach Belieben zum Binden das Johannis-brotkernmehl einrühren. Den Aufstrich vor dem Servieren möglichst 1 Std. durchziehen lassen.

sonnig und erfrischend

MINZIGER MAIS-LINSEN-
AUFSTRICH

1 zwetschgengroßes Stück frischer
Ingwer (ca. 20 g)
1 kleine Zwiebel
5 EL neutrales Pflanzenöl
100 g rote Linsen
150 ml Gemüsebrühe

100 g aufgetauter TK-Mais (ersatzweise
aus der Dose)
1 Stängel Minze
Saft von 1 Limette
Salz | Pul Biber

Für 1 Glas (350 ml Inhalt) | Zubereitung: ca. **20 Min.** | Abkühlzeit: ca. **2 Std.**
Pro Portion (ca. 30 g) ca. **85 kcal, 3 g EW, 5 g F, 7 g KH**

1 Ingwer und Zwiebel schälen und fein würfeln. Das Öl in einem kleinen Topf erhitzen und beides darin ca. 3 Min. bei schwacher Hitze andünsten. Die roten Linsen und die Gemüsebrühe dazugeben, alles aufkochen und die Linsen bei schwächster Hitze in ca. 10 Min. zugedeckt weich köcheln lassen. Falls die Flüssigkeit zu schnell verkocht, noch wenig Wasser nachgießen.

2 Inzwischen den Mais mittelfein hacken. Die Minze waschen und trocken schütteln. Die Blättchen abzupfen und in feine Streifen schneiden. Sobald die Linsen weich sind, Mais und Limettensaft dazugeben und unterrühren. Dabei sollte sich eine streichfähige, leicht stückige Masse ergeben. Falls nötig, noch esslöffelweise Wasser unterrühren. Wer glatte Aufstriche mag, kann die Mischung auch zusätzlich mit dem Pürierstab pürieren.

3 Die Minze unterrühren und alles mit Salz und Pul Biber abschmecken. Den Aufstrich vor dem Servieren möglichst 2 Std. abkühlen und dabei durchziehen lassen.

MANDEL-BOHNEN-PASTE

MIT ORANGE

festtags-frühstücks-tauglich

240 g gegarte weiße Bohnen (selbst gekocht oder aus der Dose)
75 g Mandelmus (Bioladen)
½ Bio-Orange
2 EL Mandelstifte
1 EL frische Thymianblättchen
Salz | Pfeffer

Für 1 Glas (350 ml Inhalt) | Zubereitung: ca. **10 Min.** | Ruhezeit: ca. **1 Std.**
Pro Portion (ca. 30 g) ca. **70 kcal, 3 g EW, 5 g F, 4 g KH**

---

1 Die Bohnen und das Mandelmus in einen hohen Rührbecher geben. Die Orangenhälfte heiß abwaschen und abtrocknen, die Schale abreiben und den Saft auspressen. Orangensaft und -schale zu den Bohnen geben und die Mischung mit dem Pürierstab glatt pürieren.

2 Die Mandelstifte in einer trockenen Pfanne hellbraun anrösten, herausnehmen und grob hacken. Die Thymianblättchen fein hacken und mit den gehackten Mandeln unterrühren. Die Mandel-Bohnen-Paste mit Salz und Pfeffer abschmecken und vor dem Servieren möglichst 1 Std. durchziehen lassen.

OLIVEN-ZWIEBEL-MARMELADE
MIT CRANBERRYS

perfekt fürs Party-büffet

400 g rote Zwiebeln
2 Zweige Rosmarin
2 EL neutrales Pflanzenöl
200 ml Rotwein
1 ½ EL Zucker

1 TL Salz
1 EL Aceto balsamico
100 g grüne Oliven ohne Stein
2 EL getrocknete Cranberrys

Für 2 Gläser (à 250 ml Inhalt) | Zubereitung: ca. **30 Min.** | Ruhezeit: ca. **24 Std.**
Pro Portion (ca. 30 g) ca. **90 kcal, 1 g EW, 4 g F, 7 g KH**

---

1 Die Zwiebeln schälen und nicht zu fein würfeln. Den Rosmarin waschen, trocken schütteln, die Nadeln abstreifen und fein hacken. Das Öl in einer Pfanne erhitzen. Die Zwiebelwürfel mit dem Rosmarin darin in ca. 15 Min. bei schwacher bis mittlerer Hitze weich dünsten. Sie sollen dabei glasig, aber keinesfalls braun werden.

2 Den Rotwein, den Zucker, das Salz und den Essig dazugeben. Alles aufkochen und bei mittlerer Hitze ca. 10 Min. offen kochen lassen, bis die Flüssigkeit fast vollständig verdampft ist. Inzwischen die Oliven und die Cranberrys hacken und zum Schluss unterrühren.

3 Die Oliven-Zwiebel-Marmelade zum Aufbewahren in heiß ausgespülte Gläser füllen und abkühlen lassen. Die Marmelade vor dem Servieren möglichst 24 Std. durchziehen lassen, damit sich die Aromen richtig verbinden. Sie hält sich im Kühlschrank mehrere Wochen.

DIE DOPPELTE PETERSILIE

mit Umami-Extra

400 g Petersilienwurzeln
70 g Haselnusskerne
1 EL neutrales Pflanzenöl

1 TL dunkle Misopaste (z. B. Genmai)
Salz | Pfeffer
4 Stängel Petersilie

Für 1 Glas (300 ml Inhalt) | Zubereitung: ca. **20 Min.** | Ruhezeit: ca. **1 Std.**
Pro Portion (ca. 30 g) ca. **70 kcal, 2 g EW, 5 g F, 3 g KH**

1 Die Petersilienwurzeln schälen, putzen, in grobe Stücke schneiden und in einem Topf mit Dämpfeinsatz über kochendem Wasser in 10 – 12 Min. zugedeckt weich dämpfen. (Oder die Wurzeln in wenig Wasser in 8 – 10 Min. zugedeckt weich garen, danach gut abtropfen lassen.)

2 Den Backofengrill einschalten. Die Haselnüsse auf ein Blech legen und unter dem Grill ca. 5 Min. rösten, bis sie duften und sich die Haut blättrig ablöst. Dabei die Nüsse unbedingt gut beobachten und zwischendurch durchrütteln – sie werden sehr leicht schwarz! Die gerösteten Nüsse in ein Küchentuch geben und mit dem Tuch, so gut es geht, die Haut abreiben.

3 Die weich gedämpften Petersilienwurzelstücke und die Haselnüsse mit dem Öl und der Misopaste in einen hohen Rührbecher geben und mit dem Pürierstab zu einer cremigen Paste verarbeiten. Den Aufstrich mit Salz und Pfeffer abschmecken.

4 Die Petersilie waschen und trocken schütteln. Die Blättchen abzupfen, fein hacken und unter den Aufstrich rühren. Den Aufstrich möglichst 1 Std. durchziehen lassen.

Die Autorin

Sabine Schlimm bloggt auf www.schmeckt-nach-mehr.de über die genussvollen Seiten des Lebens. Sie lebt in Hamburg. Seit sie sich häufiger mal tierfrei nimmt, ist ihr Pürierstab im Brotaufstrich-Dauereinsatz.

Die Fotografin

Coco Lang fotografiert Food und Stills in ihrem Werkstattstudio direkt am Münchener Viktualienmarkt. Mit kreativem Elan geht sie ans Werk und beeindruckt immer wieder mit überraschenden Ideen und feinem Gespür für Details. Die veganen Brotaufstriche für dieses Buch hat sie zusammen mit Foodstylist Sven Dittmann ins rechte Licht gerückt.

Bildnachweis

Alle Bilder Coco Lang

Umwelthinweis
Dieses Buch ist auf PEFC-zertifiziertem Papier aus nachhaltiger Waldwirtschaft gedruckt.

Projektleitung:
Marline Ernzer
Lektorat: Susanne Bodensteiner
Korrektorat: Petra Bachmann
Innen- und Umschlaggestaltung: independent Medien-Design, Horst Moser, München
Illustrationen: S. 4 Nr. 3 und U3 Nr. 7: Harold Lazaro, München; alle anderen: Betti Zieger
Herstellung: Mendy Willerich
Satz: Kösel, Krugzell
Reproduktion: Ludwig Media, Zell am See
Druck und Bindung: Dimograf
Syndication:
www.seasons.agency

7. Auflage 2022
ISBN 978-3-8338-5020-2

 www.facebook.com/gu.verlag

Backofenhinweis

Die Backzeiten können je nach Herd variieren. Die Temperaturangaben in unseren Rezepten beziehen sich auf das Backen im Elektroherd mit Ober- und Unterhitze und können bei Gasherden oder Backen mit Umluft abweichen. Details entnehmen Sie bitte Ihrer Gebrauchsanweisung.

Appetit auf mehr?

ISBN 978-3-8338-7302-7

ISBN 978-3-8338-4039-5

ISBN 978-3-8338-5564-1

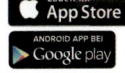

ISBN 978-3-8338-4311-2

ISBN 978-3-8338-7813-8

Alle hier vorgestellten Bücher
sind auch als eBook erhältlich.

ÜBER DEN TELLERRAND

1 Matthews' Law Jeder kennt das Phänomen: Ein Brot, das vom Tisch fällt, landet grundsätzlich auf der bestrichenen Seite. Der britische Naturwissenschaftler Robert Matthews untersuchte die Physik von Toast, Tisch und Luftwiderstand, berechnete Formeln und kam zu dem Schluss: Tatsächlich, das Brot fällt auf die bestrichene Seite! Für seine höchst wissenschaftliche Studie gewann er 1996 den Ig-Nobelpreis, also den Anti-Nobelpreis. **2 Brotende** Mindestens 280 verschiedene Begriffe gibt es im Deutschen für die Randstücke vom Brot. Ob jemand Rieftla, Knippchen oder Utzelkäpp sagt, zeigt daher deutlich die regionalen (Sprach-)Wurzeln an. **3 Bäckerwippe** Im Mittelalter mussten Bäcker, die lieber kleinere Brötchen buken, einen langen Atem haben. Kam ihnen nämlich die Obrigkeit auf die Nummer mit dem Mehlsparen, wurden sie in einen Korb gesteckt und ein paar Male in den nächsten Fluss getaucht – zur (Schaden-)Freude der Umstehenden. **4 Gerichtsurteil** »Diebstahl von Firmeneigentum« wurde 2009 einem Angestellten vorgeworfen. Der hatte etwas von dem Brotaufstrich probiert, der